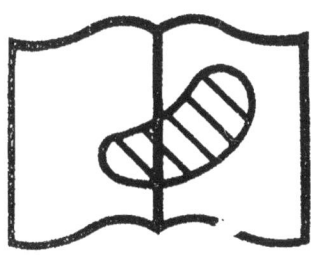

Illisibilité partielle

Valable pour tout ou partie
du document reproduit

Couverture inférieure manquante

Original en couleur
NF Z 43-120-8

DE L'ORIGINE ET DU SENS

DES MOTS

DAUPHIN ET DAUPHINÉ

ET DE LEURS RAPPORTS AVEC L'EMBLÈME DU DAUPHIN

EN DAUPHINÉ, EN AUVERGNE ET EN FOREZ

PAR

A. PRUDHOMME

ARCHIVISTE DE L'ISÈRE.

Extrait de la *Bibliothèque de l'École des chartes*,

Année 1893, t. LIV.

PARIS

1893

À Monsieur Léopold Delisle
Membre de l'Institut
Très respectueux hommage
A. Prudhomme

DE L'ORIGINE ET DU SENS

DES MOTS

DAUPHIN ET DAUPHINÉ

ET DE LEURS RAPPORTS AVEC L'EMBLÈME DU DAUPHIN

EN DAUPHINÉ, EN AUVERGNE ET EN FOREZ

PAR

A. PRUDHOMME

ARCHIVISTE DE L'ISÈRE.

Extrait de la *Bibliothèque de l'École des chartes*,
Année 1893, t. LIV.

PARIS
1893

DE L'ORIGINE ET DU SENS

DES MOTS

DAUPHIN ET DAUPHINÉ

ET DE LEURS RAPPORTS AVEC L'EMBLÈME DU DAUPHIN

EN DAUPHINÉ, EN AUVERGNE ET EN FOREZ.

Deux grandes familles féodales, les comtes de Vienne et d'Albon et les comtes de Clermont en Auvergne, ont adopté le titre de dauphin et l'ont transmis à leur principauté. Le comté de Vienne et d'Albon est devenu le Dauphiné de Viennois ou plus simplement le Dauphiné ; le comté de Clermont est devenu le Dauphiné d'Auvergne. D'autre part, les comtes de Lyon et du Forez ont, au XIII° siècle, introduit le dauphin dans leurs armes, en même temps qu'il remplaçait dans leurs sceaux le gonfanon des comtes d'Auvergne et les tours des comtes d'Albon.

Pourquoi ces transformations? Quel est le sens de ce titre mystérieux? Quelles causes ont provoqué la création de cette nouvelle dignité féodale? Ce problème historique, que je vais à mon tour essayer de résoudre, a déjà vivement sollicité l'attention des historiens du Dauphiné et de l'Auvergne et les solutions ne manquent pas.

Dans une *Dissertation sur le titre de dauphin que porte le fils aîné de nos rois*[1], Bullet a rappelé toutes les explications données par ses devanciers. Les uns, dit-il, prétendent que le Dauphiné a été ainsi appelé des *Auffinates*, ses anciens habitants ; les autres disent que les Allobroges, ancêtres des Dauphi-

---

1. Leber, *Collection des meilleures dissertations, notices et traités particuliers relatifs à l'histoire de France...* Paris, 1838, in-8°, t. VI, p. 29.

nois, étaient une colonie grecque venue de Delphes ; d'autres font descendre les premiers dauphins d'une famille vénitienne nommée Dolfino. L'explication de Claude de la Grange mérite d'être citée : « Le Dauphiné, dit-il, s'appelait auparavant le Viennois, et, dans le langage populaire du pays, « le Vienné. » Lorsqu'on interrogeait quelque habitant de cette province d'où il était, il répondait dans son patois : « Do Vienné. » Les Allemands, sous l'empire desquels était alors ce pays, changeant le V consonne en F, prononçaient « Do Fienné, » d'où, par une crase facile et usitée dans leur langue, ils ont fait « Dofiné » et donné ensuite le nom de « Dofin » au prince qui en était souverain. » Cette conjecture est subtile, déclare gravement Bullet, mais elle est sans solidité. Je renvoie à Bullet ceux qui seraient désireux de connaître les conjectures non moins subtiles des autres historiens dauphinois et celle de Bullet lui-même qui voit dans le nom de dauphin deux mots celtiques signifiant le souverain de la contrée, et j'arrive de suite à ceux dont l'opinion est moins fantaisiste, à Chorier, Valbonnais, Salvaing de Boissieu, Duchesne et de Terrebasse.

« C'était, dit Chorier, la coutume des chevaliers de charger leurs casques, leurs cottes d'armes et la housse de leurs chevaux de quelque figure qui leur était particulière et par laquelle ils pouvaient se faire distinguer des autres qui entraient comme eux dans un combat ou dans un tournoi. Il est vraisemblable que ce prince (Guigue IV) choisit le dauphin, qu'il en fit le timbre de son casque, qu'il en chargea sa cotte d'armes et qu'il en mit la figure sur la housse de son cheval en quelque tournoi célèbre ou en quelque grand combat. Il se fit remarquer entre tous les autres par son adresse et sa valeur ; et de là il fut appelé *le comte du Dauphin* et *le comte Dauphin*. Ce titre, lui étant agréable parce qu'il lui rappelait son adresse ou sa valeur, le fut aussi pour la même raison à ses descendants, qui l'adoptèrent. Le dauphin devint après ce prince la devise de cette illustre maison. Il n'en devint pas sitôt les armes, comme le croient tous les historiens ; car les armes des comtes de Viennois, sous les deux premières races, étaient un château composé de trois tours, ainsi qu'il paraît par les sceaux de ces princes. Tels sont ceux du dauphin Guigue-André, de l'an 1200 et de l'an 1225, tels sont ceux de Guigue VII, de l'an 1244, de l'an 1246, de l'an 1254 et de l'an 1258. Il est vrai que celui-ci, qui est le dernier des dauphins de la deuxième race[1], commença le premier à placer un dauphin dans son écu, mais sans quitter les anciennes armes de ses prédécesseurs. Il est représenté, dans un sceau de l'an 1258, à cheval et armé et un dauphin dans son écu qu'il porte à son bras gauche, mais de l'autre côté du sceau est représenté un château comme les vraies armes de sa maison. Enfin ce prince, par inclination pour ce symbole, fit graver le dauphin seul sur un sceau particulier, qu'il appela son sceau secret[2]. »

Nous verrons plus loin ce qu'il y a d'exact et ce qu'il y a d'erroné dans cet exposé historique, mais nous pouvons, dès maintenant, faire remarquer que Chorier s'est chargé lui-même de réfuter son propre système. Il ne peut être vrai que le Dauphin ait emprunté son nom à l'emblème peint sur son écu, puisque cet emblème n'apparaît dans les armes des Dauphins qu'un siècle plus tard.

Du Chesne, Salvaing de Boissieu et Valbonnais se rapprochent davantage de la vérité en constatant que Dauphin était un nom donné au baptême à Guigue IV par son père, et que ce nom plut à ses successeurs qui s'en firent un titre de dignité. « Guigue IV, dit Duchesne, reçut au baptême le nom de Dauphin, comme enseignent diverses chroniques anciennes, lequel nom ses successeurs convertirent depuis en dignité[3]. »

« Au reste, dit Salvaing de Boissieu[4], les anciens comtes d'Albon et de Graisivaudan prirent le nom de Dauphins en mémoire de l'un d'eux : ce fut Guigue VIII, fils de Guigue le Gras[5], qui reçut au baptême celui de Dauphin, environ l'an 1130[6], et qui pourtant ne laissa pas de s'appeler aussi Guigue, comme ses prédécesseurs, suivant la coutume de ce temps-là parmi les grands, qui portaient souvent deux noms : l'un qui leur était propre et particulier, et l'autre en mémoire de leurs ancêtres... Finalement, d'un nom de maison il s'en est fait un de dignité,... tellement que

---

1. Ceci est inexact : à Guigue VI dit le Jeune, que Chorier appelle Guigue VII, — parce qu'il a donné par une erreur générale de son temps le nom de Guigue à André, — succéda son fils Jean Ier (1270-1282).
2. Chorier, *Hist. du Dauphiné*. Réimp. Valence, 1878. I, p. 600 et suiv.
3. Duchesne, *Hist. des dauphins de Viennois*, p. 11.
4. *Usage des fiefs*, éd. de 1731, p. 13.
5. Ceci est une erreur. C'est le petit-fils de Guigue le Gras qui prit le premier le nom de Dauphin.
6. Cette date est également fausse. C'est en 1110 que le nom de Dalphinus apparaît pour la première fois.

dauphin de Viennois veut dire la même chose que prince de Viennois,... et pourtant les frères du Dauphin, qui n'avaient point de part à la principauté, n'ont pas laissé de porter le même nom, mais au génitif, pour désigner leur maison, au lieu que les Dauphins le portaient au nominatif. Ainsi Guy Dauphin, frère de Jean II, est nommé « Guido Delphini. »

« Il est plus vraisemblable, dit le président de Valbonnais[1], que le surnom de Dauphin, que le comte Guigue IV porta le premier, plut assez à ses successeurs pour l'ajouter à leur nom et pour s'en faire un titre, qui s'est conservé ensuite parmi leurs descendants. »

Cette explication, pourtant si rationnelle, n'est pas admise par M. de Terrebasse, d'ordinaire mieux inspiré, et, après l'avoir combattue, il revient au système de Bullet, en le modifiant un peu. « Dalfinus » n'est plus un mot celtique, c'est un mot tudesque signifiant chef, prince. « Wigo, Vuigo, Guigo, dit-il, est un nom d'origine germanique, et les premiers membres de cette famille étaient sans doute au nombre des seigneurs lorrains qui vinrent s'établir à Vienne à la suite du roi Boson. Il est probable qu'ils avaient été investis dans leur pays natal de quelque charge, office ou dignité, et que, plus tard, ils tinrent à honneur de ne pas en perdre le souvenir. C'est alors que Guigue III joignit au nom héréditaire que portait son fils celui de « Delphinus, » qui représente en latin du moyen âge la qualification tudesque dont nous venons de parler. Tout concourt à prouver que « Dalphinus » n'est autre chose qu'un ampliatif du titre de comte qui ne suffisait plus à la fortune et à la puissance des comtes d'Albon. « Guigo « comes, qui vocatur Dalphinus. » Quelle que soit la signification qui se cache sous cette traduction, la valeur et la majesté de l'expression ne sont pas moins garanties par l'adoption qu'en ont faite trois dynasties[2] souveraines, et, plus tard, les rois de France eux-mêmes. Dieu nous garde de nous aventurer avec Bullet et Eusèbe Salverte à la recherche de l'étymologie de ce nom qui demeure un de ces problèmes historiques dont les savants ont vainement poursuivi la solution ! »

1. *Hist. du Dauphiné*, t. I, p. 3.
2. Quelles sont ces trois dynasties ? Je connais les comtes d'Albon et les comtes de Clermont; mais si M. de Terrebasse fait allusion aux comtes de Forez, il se trompe. Ceux-ci ont placé, il est vrai, le dauphin dans leurs armes, mais ils n'ont jamais pris le titre de dauphin.

En dépit de cet aveu d'impuissance, M. de Terrebasse, après avoir combattu les opinions de Chorier et de Valbonnais qu'il déclare « également dépourvues de critique et de fondement, » expose ainsi son système personnel, qui est, à peu de différence près, celui de Bullet : « Dalfinus, Talfinus, ainsi que l'écrivent les chartes allemandes, serait, ainsi que nous l'avons déjà dit, un nom tudesque défiguré par sa traduction en latin et n'ayant originairement aucun rapport avec le mot *Delphinus*. Et, en effet, il s'écoule un siècle avant que les comtes d'Albon, jouant sur ce mot, se fassent du dauphin des armes parlantes. Ce nom aurait été sous sa forme primitive un nom de dignité, revenant à celui de chef, thane, prince, et le passage suivant de la Chronique d'Ipérius, abbé de Saint-Bertin au XIVe siècle, serait l'écho confus de cette tradition :

« Du temps de Conrad le Salique, le roi de Bourgogne Rodolphe, voyant que les Bourguignons, ses sujets, persistaient dans leurs insolences habituelles contre leurs maîtres, transmit à l'empereur le royaume de Bourgogne que les rois de sa race avaient possédé plus de cent trente ans, et la Bourgogne fut ainsi réduite de nouveau en province. Et remarquez à ce propos que, dans le voisinage de la Bourgogne, il existe des princes qui sont appelés dauphins, comme le Dauphin de Vienne, le comte Dauphin d'Auvergne, ainsi nommés parce que leurs prédécesseurs furent rois. Dauphin, en effet, n'est autre chose que roi déposé, et les Dauphins sont des rois déposés[1]. »

C'est par respect pour la haute autorité de M. de Terrebasse et parce que c'est la dernière solution proposée[2], que j'ai donné cette longue citation. Problème insoluble, dit M. de Terrebasse, et, comme s'il ne lui suffisait pas de l'affirmer, il le prouve en proposant une solution inadmissible.

Et pourtant l'énigme n'est pas si difficile à déchiffrer, et il suffisait de consulter nos vieux chartriers et aussi ceux de l'Auvergne pour en trouver le mot et pour comprendre et expliquer la genèse de cette nouvelle dignité. Cette consultation, je l'ai faite, non seulement sur les cartulaires imprimés, mais, autant que cela

---

1. A. de Terrebasse, *Œuvres posthumes*, p. 121-125.
2. Voyez toutefois à ce sujet un intéressant article de M. Joseph Roman, inséré dans les *Mélanges de numismatique*, t. III (1878). J'aurai occasion d'en reparler dans la troisième partie de cette étude.

m'a été possible, sur les chartes originales elles-mêmes. J'ai relevé avec grand soin les suscriptions au nom des comtes de Vienne et d'Albon, depuis l'année 1110, époque où Guigue IV, encore enfant, prend pour la première fois, du vivant de son père, le nom de Dauphin, jusqu'à Humbert II qui porte le titre d' « Humbertus delphinus Viennensis, Vienne et Albonis comes, etc. » J'ai procédé de même pour les Dauphins d'Auvergne, depuis Guillaume VII jusqu'à la fin du xiv° siècle.

Le classement chronologique de ces suscriptions m'a amené à faire les constatations suivantes.

I.

DAUPHINS DE VIENNOIS.

Des prédécesseurs de Guigue IV, le plus ancien porte les surnoms de « senex, senior, vetus, vetulus. »

« Ego Guigo comes, qui nomine vocor senex, » est-il dit dans une charte de 1053 du Cartulaire d'Oulx[1].

Le second, Guigue II, est cité dans le même acte sous le nom de Guigue le Gras : « Atque filius meus Guigo pinguis. » Ailleurs, il est appelé « Guigo crassus. »

Le troisième, Guigue III, n'a pas de surnom, mais il est assez souvent distingué par le rappel du nom de son père ou de celui de sa mère : « Ego Guigo comes, filius Guigonis crassi[2]; » « Guigo comes, filius Guigonis pinguis[3]; » « Guigo comes, filius Petronille[4]. »

Guigue IV (1132-1142) porte, du vivant de son père, le nom de « Delphinus. » Une charte de 1110 du Cartulaire de Chalais[5] le constate : « Ego Guigo comes et uxor mea regina nomine Meheldis... Et laudaverunt similiter filii eorum Guigo Dalphinus et Humbertus. » Et, vers la même époque, une charte du Cartulaire de Domène[6] commence ainsi : « Ego Guigo Delphinus deci-

---

1. *Cart. d'Oulx*, ch. 152.
2. *Gall. christ.*, XVI. Instr., c. 82.
3. *Cart. d'Oulx*, ch. 243.
4. *Ibid.*, ch. 227.
5. Arch. de l'Isère. Chartes de Chalais. Cf. Pilot de Thorey, *Cart. de Chalais*, p. 13-15.
6. Monteynard, *Cart. de Domène*, Lyon, 1859, in-8°, n° 13.

mas ecclesie Heronei quas pater meus Guigo, comes, mihi dimisit, dono... » De ces mentions, il résulte que le nom « Delphinus, » donné à un enfant du vivant de son père, ne saurait être un titre honorifique comme le prétendent Bullet et M. de Terrebasse.

Qu'est-ce donc ? Une charte du Cartulaire de Saint-Hugues va nous le dire. Elle est d'environ 1140[1]; Guigue IV y est ainsi désigné : « Guigo comes *qui vocatur Delphinus.* » Guigue comte surnommé Dauphin. Et le texte de la charte montre bien qu'il s'agit d'un surnom et non d'un titre, car, toutes les fois qu'il y est question de Guigue IV, qui y règle un différend avec Hugues II, évêque de Grenoble, le mot « comes » est opposé au mot « episcopus. »

Donc « Delphinus » est un surnom. Mais quel est le sens de ce surnom ? C'est ce que Duchesne, Salvaing de Boissieu et Valbonnais avaient à peu près deviné. Ce surnom est un prénom, peu répandu à la vérité, mais qui avait été glorieusement porté par un évêque de Bordeaux de la fin du IVe siècle, saint Delphinus (380-404), et par un évêque de Lyon du VIIe siècle, saint Anemond, surnommé Dalfinus (650-659). Ce prénom fut porté après Guigue IV par son petit-fils Dauphin, comte de Clermont, souche des dauphins d'Auvergne, et plusieurs de ses descendants, par sainte Delphine de Sabran (1296-1360) et très vraisemblablement, nous le verrons plus loin, par le chef de la deuxième race des Dauphins de Viennois, André.

Est-il besoin de montrer par des exemples qu'au XIIe siècle, époque où se forment les noms de famille, des prénoms, des noms de baptême ont été adoptés comme second nom ? Dans le seul Cartulaire de Domène, on trouve à la même époque : « Guigo Albertus, Guigo Geraldus, Wuigo Abbo, Guigo Garinus, Guigo Desiderius, etc. »

« Guigo Delphinus » est de même formation.

Ce surnom ou nom patronymique est gardé par Guigue V, fils de Guigue IV (1142-1162), qui porte dans les actes les titres suivants :

1146. Guigo comes, filius Guigonis Delfini[2].

1151. Dominus comes Albionensium Guigo scilicet Dalphinus[3].

---

1. Marion, *Cart. de Saint-Hugues*, p. 243.
2. Arch. de l'Isère. Chartes de Chalais.
3. Giraud, *Cart. de Saint-Bernard de Romans*, art. 307.

1155. Wigo Delphinus comes Albionensis[1].

Et dans un diplôme de Frédéric Ier (1155) : « Fidelis noster Gygo Delphinus, comes Albonensis[2]. »

Pour Guigue V, comme pour son père, *Delphinus* est un surnom.

Guigue V, en qui s'éteint la première race des comtes d'Albon, meurt en 1162, ne laissant qu'une fille, Béatrix, pour héritière de ses états. Celle-ci se maria deux fois : d'abord avec Albéric Taillefer, fils de Raimond V, comte de Toulouse, qui prend dans les actes les titres suivants :

1178. Ego Talifers, Viennensium et Albonensium comes[3].
1183. Ego Taillafers, Viannensium et Albonensium comes[4].

En 1183, Béatrix, veuve de Taillefer, épouse en secondes noces Hugues III, duc de Bourgogne. Le nouveau souverain du Dauphiné se désigne ainsi :

1186. Ego Hugo, Dei gratia, Burgundie dux et Albonii comes[5].

De son côté, Béatrix porte les titres de : « Beatrix, ducissa Burgundie et Albonii comitissa[6], » ou « Beatrix, Dei gratia ducissa Burgundie et Albonii ducissa[7]. »

Ni Béatrix, ni l'un ni l'autre de ses deux maris ne prennent le nom ou titre de Dauphin, ce qu'ils n'auraient pas manqué de faire si ce nom était devenu déjà synonyme de souverain des comtés de Vienne et d'Albon. « Delphinus » était considéré comme le surnom du comte Guigue V, de même que Taillefer était celui du comte Albéric, premier mari de Béatrix. C'est ce que montre l'extrait ci-après d'un acte de 1184 où ces deux noms Delphinus et Taillefer sont opposés : « Cum Hugo, Divionensis dux, filiam comitis Dalphini, viduam Taillefer... in uxorem duxisset et comitatum Albonensem teneret[8]. »

Remarquons encore, — et cette conclusion découle de la précédente en même temps qu'elle la confirme, — que les états de Béatrix

---

1. U. Chevalier, *Cart. de Saint-André-le-Bas de Vienne*, p. 293.
2. Arch. de l'Isère, B. 3162.
3. *Cart. d'Oulx*, ch. 45.
4. Guichenon, *Bibl. Sebusiana*, p. 5.
5. *Oulx*, ch. 35.
6. *Oulx*, ch. 37.
7. *Ibid.*, ch. 38.
8. *Gall. christ.*, XVI. Instr., c. 90. Valb., I, 181.

ne portent pas le nom de Dauphiné; c'est le « comitatus Albonensis, » ce sont les « comitatus Viennensium et Albonensium. »

Béatrix n'eut pas d'enfants de son premier mariage. De son union avec Hugues III elle eut un fils, qui lui succéda, et deux filles. A ce fils, âgé de huit ans, qu'elle ramenait de Bourgogne en Dauphiné, elle avait donné le nom ou surnom de « Delphinus » pour bien marquer sa descendance des anciens comtes d'Albon, descendance que les deux mariages de la fille de Guigue V auraient pu faire oublier. Le nom de ce prince a été défiguré par la plupart des historiens dauphinois qui l'ont appelé Guigue-André. Or, aucun acte ne lui donne le nom de Guigue. Dans tous ceux que j'ai consultés, — et j'en ai vu de chacune des années de son règne (1192-1237), — il est appelé tantôt « Delphinus » comme son cousin le comte de Clermont, tantôt « Andreas Delphinus. »

Il porte le nom de « Delphinus » dans les suscriptions ou mentions ci-après :

1193. Beatrix, ducissa Burgundie et Albonii comitissa, et filius meus Dalphinus, cum mecum primo ad Ulciensem ecclesiam accessisset[1]...

1210. Ego Dalfinus, comes, dono... omne id quod Guigo comes de Albione, peravus meus, et regina, uxor ejus nomine Mathildis, et Guigo Dalfinus filius eorum donaverunt[2]...

1216. Dom. comes Delphinus[3].

1219. Ego Delphinus, comes Albonii et Vienne palatii[4].

1222. Dom. Delphinus, comes Viennensis[5].

1230. Nos Delphinus, Viennensis et Albonensis comes[6].

1234. Dom. Delphinus, comes Albonii et Vienne[7].

Dans son testament, daté de 1228, Béatrix appelle constamment son fils Delphinus : « Dono tibi Beatrici, comitisse, uxori filii mei Delphini... »

Enfin, dans un hommage rendu par André-Dauphin au chapitre de Saint-Maurice de Vienne (acte sans date), il s'intitule : « Nos Dalphinus, comes Albonis et Vienne[8]. »

1. *Oulx*, ch. 50.
2. Arch. de l'Isère, série H. Chartes de Chalais.
3. *Oulx*, ch. 40.
4. Chartes de Chalais.
5. *Oulx*, ch. 34.
6. *Obit. de l'Église de Lyon*, p. 206.
7. *Oulx*, 42.
8. Arch. de l'Isère, série G., fonds du chapitre Saint-Maurice de Vienne.

Cet acte est muni d'un sceau d'André-Dauphin qui a été décrit par M. E. Pilot de Thorey[1] dans son inventaire des sceaux relatifs au Dauphiné. Ce sceau reproduit au recto un cavalier galopant à gauche, et au revers les murs de la ville de Vienne. La première partie de la légende manque sur environ les 2/5 de la circonférence ; le reste, très nettement conservé, doit être lu :
..... INI . COMITIS . ALBONIS, et au revers : ET . VIENNE . P.... M. Pilot, d'après Valbonnais, a restitué ainsi cette légende : *Sigillum Guigonis Andree Dalphini comitis Albonis. Et Vienne palatini.* Cette restitution est inadmissible, d'abord parce qu'André n'a jamais porté le nom de Guigue et ensuite parce que dans la partie du sceau qui est enlevée il serait impossible de placer les mots : *Sigillum Gui onis Andree Dalph...* Les capitales de la légende sont en effet très grosses et dans la partie qui reste il n'y a aucune abréviation ; on ne peut donc raisonnablement en introduire dans la première partie. Après avoir calculé le nombre de lettres qui occupent les 3/5 de la légende encore visibles, on est amené par une opération arithmétique à conclure que les mots emportés étaient *Sigillum Dalf*, et que la légende doit être ainsi restituée : *Sigillum Dalfini, comitis Albonis et Vienne palatini*, ce qui correspond exactement à la suscription de l'acte citée plus haut : « Nos Dalfinus, comes Albonis et Vienne, » et à la légende de Dauphin, comte de Clermont, cousin d'André et son contemporain : *S. Dalfini, comitis Claromontensis.*

Cette reconstitution nous permet d'affirmer ce fait absolument nouveau que dans son grand sceau André-Dauphin ne prend que le seul nom de « Dalfinus. »

Il prend ou reçoit le nom d' « Andreas-Dalphinus » dans les actes ci-après :

1204. Tibi Beatrici, comitisse Albionii et tibi Andree-Dalphino, ejus filio et successoribus vestris, qui comites Albionii erunt[2].

Notons en passant cette incidente significative : *qui comites Albionii erunt*. Si le nom de *Delphinus* avait été le titre distinctif des souverains du pays, n'aurait-on pas écrit, comme on le

---

1. E. Pilot de Thorey, *Inventaire des sceaux relatifs au Dauphiné, conservés dans les archives départementales de l'Isère*. Grenoble, 1879, in-8°, p. 33.
2. Valbonnais, I, 121.

fera un siècle plus tard, sous Humbert Ier : au lieu de *qui* COMITES ALBIONII *erunt, qui* DALPHINI *erunt?*

1213. Andreas dictus Dalphinus, comes Albionii et Vienne palatii[1].
1215. Ego Andreas dictus Delphinus, comes Albionii et Vienne palatii[2].
1223. Andreas-Dalphinus, Albonis comes et Vienne[3].
1223. Andreas-Delfinus, comes Albionis et palatinus Vienne[4].
1236-1237. Dominus Andreas-Delphinus, Vienne et Albonis comes[5].

Je pourrais multiplier ces exemples; mais ceux que je viens de citer suffisent, il me semble, à prouver que, sous le règne d'André, *Delphinus* est encore considéré comme un nom ou surnom et, par conséquent, qu'il convient de rectifier une fois de plus le nom de ce prince et de l'appeler André-Dauphin.

A André succéda son fils Guigue VI (1237-1270), lequel prend dans les actes tantôt le nom de « Guigo Dalphinus, » tantôt celui de « Guigo Dalphini. » J'observerai à ce sujet que les éditeurs de cartulaires et autres recueils d'actes n'ont pas toujours assez fait attention à ces différences et qu'il leur est arrivé fréquemment d'imprimer *Guigo Dalphinus,* et même *Guigo dalphinus Viennensis et Albonis comes,* là où le texte portait *Guigo Dalphini, Vienne et Albonis comes.* Il est vrai d'expliquer à leur décharge que parfois les scribes ont abrégé la suscription sous cette forme : *Nos G. Dalph. Vien. et Albon. comes,* ce qui prête aux deux interprétations; mais, à côté de ces suscriptions douteuses, il en est un grand nombre, — les actes de cette époque abondent, — qui sont d'une lecture indiscutable.

Voici quelques-unes des suscriptions où j'ai retrouvé le génitif « Dalphini, » caractéristique des noms de famille :

1238. Nos dictus G. Dalphini[6].
1244. Nos G. Dalphini, Vienne et Albonis comes... Nos G. Dalphini[7].

---

1. Arch. de l'Isère, série G. Cart. d'Aymon de Chissé, fol. 315.
2. Arch. de l'Isère, B. 3162.
3. Auvergne, *Cart. de Saint-Robert de Cornillon,* p. 2. (*Bull. de l'Ac. delph. Doc. inédits,* t. I.)
4. Arch. de l'Isère, série H. Chartes de Chalais.
5. Testament d'André-Dauphin. Arch. de l'Isère, B. 3162.
6. U. Chevalier, *Cart. an. d'Aymon de Chissé,* p. 68-69.
7. Arch. de l'Isère, B. 3021.

1246. Nos Guigo Dalphini, Vianne et Albonis comes... per totum comitatum nostrum[1].

1250. Nos Guigo Delphini, Vienne et Albonis comes[2].

1251. Illustrem virum Guigonem Dalphini, Vienne et Albonis comitem... super rancuris quas facit dom. Guigo Dalphini[3].

1254. Nos Guigo Dalphini, Vienne et Albonis comes[4].

1255. Nos G. Dalphini, Vienne et Albonis comes[5].

1260. Même forme[6].

1260. Domino nostro G. Dalphini, Vienne et Albonis comiti... dicto domino G. Dalphini[7].

1261. Nos Guigo Dalphini, Vienne et Albonis comes[8].

1263. Nos G. Delphini, Vienne et Albonis comes[9].

1263. Vendidit illustri viro G. Dalphini, Vienne et Albonis comiti[10].

1270. Inter bone memorie dom. G. Dalphini, Vienne et Albonis comitem... dicto domino G. Dalphini[11].

La forme *Guigo Delphinus* ou *Dalphinus* se retrouve dans tous les textes imprimés, sauf ceux édités par M. l'abbé Ulysse Chevalier, le paléographe impeccable. Assez souvent cette forme n'est que l'interprétation de l'abréviation *Guigo Delph.*; mais parfois, il faut le reconnaître, les textes originaux la fournissent d'une façon indubitable. Je me bornerai à citer ici les mentions que j'ai relevées moi-même sur les chartes du temps :

1246. Inter dominum Guigonem Delphinum, Vienne et Albonis comitem[12].

1248. Domino meo Guigoni Delphino, Vienne et Albonis comiti[13].

1252. Illustri viro karissimo domino meo Guigoni Dalphino, Vien. et Albonis comiti[14].

1. Arch. de l'Isère, B. 3021.
2. Ibid.
3. Ibid.
4. Ibid., B. 3314.
5. Ibid.
6. Ibid., B. 3316.
7. Ibid., B. 3021.
8. Ibid. Série G; Chartes de l'Arch. de Vienne.
9. Ibid., B. 3316.
10. Ibid., B. 3021.
11. Ibid.
12. Ibid., B. 2640.
13. Ibid., B. 3137.
14. Ibid., B. 3021.

1266. Illustri domino Guigone Dalphino, Vienne et Albonis comiti[1].
1267. Nos G. Dalphinus, Vienne et Albonis comes[2].

Si l'on écarte du débat, comme on doit le faire, toutes les formes abrégées que les éditeurs ont reconstituées, on constate que la forme *Guigo Delphini* est plus fréquente que la forme *Guigo Delphinus*. On remarque en outre que la première se trouve particulièrement dans les actes émanés de la chancellerie du Dauphin, et la seconde se rencontre plutôt dans les actes émanés d'autres chancelleries ou passés par-devant notaires. C'est que, si la chancellerie delphinale conservait encore le sens du mot *Delphinus*, les chancelleries étrangères tendaient visiblement à modifier ce sens et à faire du nom patronymique un titre de dignité[3].

C'est ainsi que, dans un diplôme impérial de 1248, Guigue est appelé : « Guigo Dalphinus Viennensis, dilectus consanguineus et fidelis noster[4]. »

Dans un autre diplôme de 1250, l'empereur parle du « Camerarius Delfini Viennensis, dilecti consanguinei[5]. » Et dans le testament de Pierre, comte de Savoie, daté de 1268, on lit : « Beatricem carissimam filiam nostram, uxorem illustrissimi viri Dalphini Viennensis[6]. »

En résumé, sous Guigue VI, *Delphinus* est traité comme un nom patronymique par la chancellerie delphinale, mais déjà à l'étranger on tend à le considérer comme un titre.

La même conclusion découle de l'examen des actes émanés de Jean Ier (1270-1282), fils et successeur de Guigue VI. Il se donne le nom de « Nos Johannes Dalphini, comes Vienne et Albonis, » dans son testament de 1282, où il confirme le testament de son père : « testamentum inclite recordationis patris nostri, comitis *comitatuum predictorum*[7]. » C'est par ces mots *comitatus*

---

1. Arch. de l'Isère, B. 2640.
2. Ibid., B. 3316.
3. Une bulle du pape Innocent IV, datée de 1247, oppose constamment le mot *delphinus* au mot *archiepiscopus*, ce qui laisse entendre qu'ils étaient considérés l'un et l'autre comme des qualificatifs. (Arch. de l'Isère, B. 3266.)
4. Arch. de l'Isère, B. 3162.
5. Ibid. D'autre part, un diplôme impérial de juin 1247 nomme aussi Guigue VI : « Guigo comes Vienne et Albonis, dilectus consanguineus. »
6. Valb., I, 195.
7. Arch. de l'Isère, B. 3162.

Vienne et Albonis que sont désignés les états de Jean Iᵉʳ. Le mot *Delphinatus* n'apparaît pas encore. Il ne figure pas non plus dans le traité passé en 1276 entre Robert II, duc de Bourgogne, et Béatrix, comtesse de Vienne et d'Albon, mère de Jean Iᵉʳ, « super regimine comitatuum Vienne et Albonis et alterius terre quondam G. Dalphini [1]. »

Dans un acte de 1278 passé à Cornillon, près Grenoble, Jean II est ainsi qualifié : « Coram illustri ac serenissimo domino Johanne de Dalphyn, comite [2], » forme isolée, résultat d'une distraction de scribe, mais qui laisse supposer que ce scribe considérait encore « Dalphyn » comme un nom patronymique.

Ailleurs, on trouve « Johannes Dalphinus, comes Vienne et Albonis. » Comme le dauphin Jean Iᵉʳ mourut avant d'avoir atteint sa vingtième année, les actes émanés de lui sont très rares. Le plus souvent c'est sa mère Béatrix qui agit en son nom : elle prend alors les titres de : « Beatrix, Vienne et Albonis comitissa et domina Fucigniaci » (1270) [3]; « Illustri domine Beatrici, Vienne et Albonis comitisse, nomine illustris viri Johannis Delphini, filii sui, comitis Vienne et Albonis... eidem Johanni comiti... idem dom. Johannes Delphinus, filius suus » (1276) [4].

Sous Humbert Iᵉʳ, la transformation du nom patronymique en titre de dignité peut être considérée comme faite. On sait qu'avec Jean Iᵉʳ s'éteignait la descendance masculine de la seconde race des comtes d'Albon. Anne, sa sœur, qui lui succédait, avait épousé en 1273 Humbert de la Tour, qui porte dans les actes antérieurs à la mort de son beau-frère les titres de :

1279. Humbertus, dominus de Turre et de Cologniaco [5].

L'année même de son avènement, il prend le titre de « Delphinus » qui ne peut plus être pour lui un nom de famille :

1282. Nos Humbertus Delphinus, Vienne et Albonis comes, dominusque de Turre et de Coloniaco [6].

En même temps, sa femme, Anne, prend le nom de « Delfina, »

---

1. Arch. de l'Isère, B. 3162.
2. Ibid., B. 2640.
3. Arch. de l'Isère, H. Chartes de la chartreuse de Saint-Hugon.
4. Ibid., B. 3021.
5. Ibid.
6. Valb., II, 25.

et la veuve de Guigues VI, Béatrix de Faucigny, le prend aussi[1].

En 1285, dans le traité conclu entre Humbert Ier et Robert, duc de Bourgogne, au sujet de la succession de Jean Ier, le mot « Delphinatus » apparaît pour la première fois. « Inter... nobilem virum Humbertum, dominum de Turre, tenentem DELPHINATUM Vienne et Albonis, ratione nobilis domine Anne, uxoris sue, filie Guigonis quondam tenentis DELPHINATUM predictum pro se... super hereditate et bonis que fuerunt Andree quondam Delphini, Vienne et Albonis comitis[2]. »

DELPHINATUS devient pour les contemporains synonyme de « comitatus. » On lit dans un acte de 1293 : « Ipsi domino dalphino et ejus in ipso DALPHINATU SEU COMITATU successoribus[3]. » Ailleurs le Dauphiné est appelé « comitatus Delphini, » le comté du Dauphin. « Pro illustri viro domino Humberto, comite dalphino, nomine ipsius domini dalphini et illustris domine Anne, uxoris dicti domini dalphini et comitisse ejusdem comitatus Dalphini[4], » lit-on dans un acte de 1289.

Si Humbert Ier prend le titre de « Delphinus, » il n'y joint pas toujours l'adjectif « Viennensis. » La forme qu'il adopte le plus fréquemment est celle que j'ai citée plus haut :

« Humbertus dalphinus, comes Vienne et Albonis » ou « Vienne et Albonis comes, dominus de Turre et de Cologniaco[5]. »

Et dans les rares chartes françaises :

1290. Nos Humbers, darphins et coins d'Arbons et de Vianois et sires de la Tor[6].

1297. Nos Humbers daufins, de Vienne et de Albon cuens et sires de la Tor, et nos Anne daufine, de Vienne et de Albon contesse et dame de celui mesme lue[7].

Cette dernière suscription prête à une double interprétation suivant qu'on place ou non une virgule après les mots *daufins* et *daufine*. Si l'on y voit la traduction de la formule latine :

---

1. Valb., II, 35.
2. Arch. de l'Isère, B. 3162.
3. Ibid., B. 2640.
4. Ibid., B. 3021.
5. Ibid., B. 3162. Valb., II, 28. Chartes de Chalais. *Gall. christ.*, XVI. Instr., 55, etc.
6. Arch. de l'Isère, B. 3266.
7. Valb., II, 85.

« Humbertus Dalphinus, Vienne et Albonis comes, » il faut évidemment une virgule, mais en supprimant la virgule on peut tout aussi bien lire : « Humbers daufins de Vienne » et « Anne daufine de Vienne. »

Cette dernière interprétation serait autorisée par la légende du sceau secret d'Humbert Ier qui est : « Sigillum secreti Humberti, delphini Viennensis et de Turre domini[1], » et celle du sceau de Jean Ier, son fils, du vivant de son père (1294) : « Sigillum Johannis primogeniti Humberti, dalphini Viennensis[2]. »

D'autre part, les monnaies attribuées par M. H. Morin[3] à Humbert Ier portent comme légende, au droit : « Dalphinus Viennensis, » et au revers : « comes Albonis. » Il est vrai que la date de ces monnaies et leur attribution à Humbert Ier sont douteuses.

Cette forme « Delphinus Viennensis » est presque générale dans les actes rédigés en dehors de la chancellerie delphinale.

« Nostre amé et féal Humbert, dauphin de Viennois[4], » dit Philippe le Bel dans un acte de 1297. Et ailleurs :

1298. Domino Humberto, dalphino Viennensi[5].
1305. « Dalphinus Viennensis, » dit le pape Clément V[6].
1305. Anna delphina Viennensis et Johannes DALPHINI ejus primogenitus[7].

Remarquons cette forme « Johannes DALPHINI, » pour désigner le fils du Dauphin, du vivant de son père. Elle nous amène à formuler cette règle exactement observée pendant les règnes d'Humbert Ier, Jean II, Guigue VII et Humbert II, à savoir que tous les membres de la famille delphinale, hors le prince régnant, portent comme un nom patronymique le nom « Delphinus » au génitif. Donc, en modifiant son sens primitif, en devenant un titre de dignité, synonyme de prince ou de comte, le mot « Delphinus » est resté pour eux un nom de famille.

Nous venons de voir que Jean II porte, du vivant de son père, le nom de « Johannes DALPHINI; » Hugues, son frère, seigneur de

---

1. E. Pilot de Thorey, *Inv. des sceaux*, p. 34-35.
2. Douët d'Arcq, n° 600.
3. H. Morin, *Numismatique féodale du Dauphiné*, p. 65.
4. Valb., II, 81.
5. Valb., I, 91.
6. Arch. de l'Isère, B. 3267.
7. Arch. de l'Isère. Série H. Chartes de la chartreuse de S.-Hugon.

Faucigny, est ainsi nommé dans son contrat de mariage avec Marie, fille d'Amédée, comte de Savoie (1309) : « Hugonem DALPHINI, dominum Fucigniaci [1], » et dans un autre acte de 1321 où intervient son neveu Guigue VII : « Nos Hugo DALPHINI, dominus terre Fucigniaci et Vizilie... rogantes excellentem virum Guigonem Dalphinum, carissimum nepotem nostrum [2]. »

Henri Dauphin, autre frère de Jean II, qui fut évêque nommé de Metz et régent du Dauphiné pendant la minorité de Guigue VII, porte les titres de :

1324. Henricus DALPHINI, electus Metensis, regens Dalphinatum [3].

1326. Henricus DALPHINI, Montisalbani et Medullionis dominus, regens Dalphinatum Viennensem [4].

Dans son testament daté de 1317, Gui Dauphin, baron de Montauban, quatrième fils d'Humbert Ier, s'intitule « Guido DALPHINI, miles » et il institue pour héritier son neveu « Humbertum DALPHINI, » qui deviendra le dauphin Humbert II [5].

Enfin, dans un acte postérieur de quelques jours à la mort d'Humbert Ier, on trouve ce prince désigné lui-même sous cette forme : « Illustri viro domino Humberto DALPHINI, Vienne et Albonis comite, domino que de Turre, nuper viam universe carnis ingresso [6]. »

Jean II (1307-1319), fils d'Humbert Ier, et Guigue VII (1318-1333), fils et successeur de Jean II, portent, dans la légende de leurs sceaux et de leurs monnaies, le titre de « Dalphinus Viennensis. » La légende du sceau de Jean II est : « Sigillum Johannis Dalphini Vienensis, Albonis comitis, dominique de Turre [7]. » Celle de ses monnaies est au droit : « Johannes Dalphinus Viennensis, » et au revers : « † Comes Albonis » et « Sit nomen Domini benedictum [8]. » Les monnaies de Guigue VII portent au droit : « G. Dalphinus Viennensis, » et au revers : « S. Johannes Baptista [9]... »

1. Valb., I, 199.
2. Ibid., I, 150.
3. Ibid., I, 148.
4. Ibid., I, 210.
5. Arch. de l'Isère, B. 3164.
6. Ibid., B. 2641.
7. Douët d'Arcq, n° 602.
8. H. Morin, p. 67.
9. Ibid., p. 70.

Dans les actes on trouve tantôt « Dalphinus Viennensis, » tantôt « Dalphinus, Vienne et Albonis comes. » Ainsi, tandis que la suscription du testament de Jean II, daté de 1318, est : « Johannes dalphinus, Vienne et Albonis comes, dominusque de Turre[1], » dans l'acte de fiançailles de Guigue VII avec Isabelle, fille du roi de France Philippe le Long, Jean II prend les titres suivants : « Johannes, dalphinus Viennensis, comes Albonis, dominusque de Turre, » et il explique en ces termes qu'il désigne pour son successeur son fils Guigue VII : « Et eundem Guigonetum filium nostrum heredem ac successorem cum effectu faciemus in *Dalphinatu Viennensi, comitatu Albonis ac baronia de Turre*[2]. »

Guigue VII est le plus souvent nommé : « Illustris princeps dominus Guigo Dalphinus Viennensis, Albonis comes, dominusque de Turre[3], » ou « Guigo Dalphinus, comes Albonis, delphinus Viennensis, dominusque de Turre[4], » ou plus simplement « Guigo Dalphinus Viennensis[5]. » Il est appelé « le dalphin de Vienne » dans un acte passé à Paris en 1328[6]. C'est également sous ce titre qu'il est désigné dans les chroniques de Saint-Denis[7] : « La septieme (bataille) mena le Dauphin de Vienne » (à la bataille de Cassel).

Avec Humbert II apparaît une dernière transformation dans la suscription des actes émanés du Dauphin. La formule « delphinus Viennensis, » malgré son air décoratif, parut à ce prince fastueux et épris de titres une sorte d'abdication de ses droits sur le comté de Vienne en ce qu'elle supprimait le titre de « comes Vienne. » C'est pourquoi il adopta le premier et le seul la formule : « Humbertus Dalphinus Viennensis, Vienne et Albonis comes, ac palatinus[8], » et, la jugeant encore trop modeste, il l'amplifia des titres suivants, qu'il fit tous figurer sur la légende de son grand sceau : « Sigillum Humberti, dalphini Viennensis, ducis Campisauri, principis Brianconesii, marchionis Cesane, Vienne,

---

1. Arch. de l'Isère, B. 3164.
2. Arch. de l'Isère, B. 3164.
3. Valb., I, 209.
4. Arch. de l'Isère, B. 2642.
5. Valb., I, 210-211.
6. Ul. Chevalier, *Doc. hist. inédits sur le Dauphiné*, p. 30.
7. Éd. Paulin Paris, V, 313-314.
8. Arch. de l'Isère, B. 3137.

Albonis, Graisivodani comitis ac palatini, Vapincesii, Ebreduni et Andrie comitis et domini baroniarum Turris, Fucigniaci, Montisalbani, Medullionis, Montislupelli[1]. »

Son successeur adopta une formule plus brève : « Karolus, primogenitus regis Francorum, dalphinus Viennensis[2], » laquelle fut désormais de style dans la chancellerie delphinale.

CONCLUSION. — En ce qui concerne les dauphins de Viennois, DELPHINUS est un prénom emprunté au martyrologe par Guigue IV et adopté par lui comme second nom. Ce surnom est gardé par Guigue V, son successeur. Il n'est pas repris par Albéric Taillefer et Hugues III, ducs de Bourgogne, les deux maris de Béatrix, fille de Guigue V. Mais cette dernière le donne à son fils André, pour rappeler sa descendance des anciens comtes d'Albon. Les Dauphins de la seconde race successeurs d'André, Guigue VI et Jean Ier, portent le plus souvent le nom *Delphinus* au génitif, ce qui implique qu'ils le considéraient comme un nom patronymique ; mais déjà, sous Guigue VI, les chancelleries étrangères au Dauphiné le prennent pour un titre de dignité.

C'est sous Humbert Ier (1282-1307), chef de la troisième race, que DELPHINUS devient définitivement un titre, en même temps qu'apparaissent pour la première fois les mots *Dalfina* ou *Delfina* pour désigner l'épouse du Dauphin, et *Dalphinatus* ou *Delphinatus* pour désigner ses états. Toutefois *Delphinus* reste un nom patronymique pour tous les membres de la famille delphinale autres que le prince régnant.

II.

DAUPHINS D'AUVERGNE.

On sait que les Dauphins d'Auvergne se rattachent aux comtes d'Albon par une fille de Guigue IV dit Dauphin, qui épousa un comte d'Auvergne. Cette alliance est attestée par le chanoine Guillaume, auteur de la Vie de Marguerite de Bourgogne, femme de Guigue Dauphin : « Cum ejus filie, dit-il, ad nubilem venissent etatem, non absque sumptibus copiosis, alteram inclito et

---

1. Pilot, *Inv. des sceaux relatifs au Dauphiné*, p. 144.
2. Arch. de l'Isère, B. 3127.

potenti viro Arvernensium comiti, regis Francie consanguineo, alteram Valentinensium comiti, viro claris natalibus orto, lege matrimonii copellavit[1]. »

Baluze a suffisamment prouvé que ce comte d'Auvergne était, non Robert III, comme le disent Justel, Chorier et l'*Art de vérifier les dates*, mais Guillaume VII (1145-1168) auquel le pape Alexandre III donnait précisément le titre de « consanguineus regis Francorum » dans une lettre écrite à l'évêque de Clermont en 1165[2].

Sur le nom de la fille de Guigue IV Dauphin, qui épousa Guillaume VII, Baluze n'a pas été aussi heureux. Sur la foi d'un acte de donation faite en 1149 par le comte d'Auvergne et sa femme à l'abbaye de Saint-André-lès-Clermont, acte dont il a lui-même reconnu et démontré la fausseté, Baluze appelle cette femme Jeanne de Calabre. A sa suite, l'*Art de vérifier les dates*, le *Trésor de Chronologie* et la nouvelle édition de l'*Histoire du Languedoc* ont reproduit cette erreur. Je dis erreur, et erreur grossière, car Jeanne de Calabre n'est nommée que par le seul acte de 1149, cité plus haut, et elle vaut ce que vaut cet acte de naissance. Or, cet acte est faux : Baluze l'explique copieusement. Il avait eu entre les mains l'original et avait aisément reconnu qu'il ne remontait pas à plus d'un siècle. Il n'était pas, du reste, besoin de cette expertise paléographique pour en dénoncer le caractère apocryphe. Le comte d'Auvergne y est appelé Béraud, alors qu'en 1149 c'est manifestement Guillaume VII qui règne. Il n'y eut de Béraud dans la branche delphinale des comtes d'Auvergne qu'après l'avènement des Mercœur. Ce comte Béraud prend le titre de dauphin d'Auvergne que Guillaume VII ne porta jamais et qui ne fut adopté que par Robert II en 1281, comme nous aurons occasion de le faire remarquer plus loin. Enfin, l'apposition du sceau y est ainsi annoncée : « Concessimus predictis carissimis nostris religiosis presentes litteras NOSTRI DELPHINATUS sigillo communitas, » alors que le mot DELPHINATUS n'apparaît dans les actes que plus d'un siècle plus tard.

Tout dans cet acte est donc manifestement faux, et l'on ne

---

1. Cité par Baluze, *Hist. d'Auvergne*, t. II, p. 61.
2. Baluze, après avoir cité cette lettre à propos de Guillaume VII qu'elle concerne, l'a placée par erreur aux pièces justificatives de Guillaume VIII. (*Hist. d'Auvergne*, t. II, p. 65.)

s'explique pas pourquoi Baluze, après avoir reconnu la fausseté du nom du mari, a admis sans hésitation le nom de la femme.

Ce nom de Jeanne de Calabre que le faussaire a peut-être emprunté à Renée de Bourbon, femme d'Antoine de Lorraine, duc de Calabre, à qui François Ier rendit en 1529 la baronnie de Mercœur, confisquée sur le connétable de Bourbon, de même qu'il avait emprunté aux Mercœur le nom de Béraud qu'il donne à son mari[1], ce nom, dis-je, doit être rayé de la liste des alliances des comtes d'Auvergne.

La fille de Guigue IV Dauphin, que Guillaume VII épousa, s'appelait Marchise : c'est elle que le chanoine Guillaume, dans sa *Vie de Marguerite de Bourgogne*, déclare « verborum elegantia vehementer idonea. » Il ne précise pas, il est vrai, qu'elle fut la femme du comte d'Auvergne, mais un acte du Cartulaire de Chalais l'indique assez clairement. Dans cet acte, qui porte la date de 1223, André-Dauphin, comte de Vienne et d'Albon, confirme les donations faites à Chalais par les membres de sa famille, et il cite : sa tante Marchise, Dauphin d'Auvergne, son cousin, et Guillaume, fils de ce dernier : « Et ab amita mea domina Marchisia et a Delphino de Arvernia, consobrino meo, ejusdemque Delphini filio nomine Wilelmo. »

Ce premier point établi, voyons quel fut en Auvergne le sort du mot Dauphin et comment il fut successivement, pour les descendants de Guillaume VII et de Marchise, d'abord un prénom, puis un nom patronymique, puis enfin un titre de dignité, d'où fut formé celui de Dauphiné d'Auvergne.

On sait que Guillaume VII fut dépossédé de la plus grande partie de la comté d'Auvergne par son oncle Guillaume VIII dit le Vieil. Guillaume VII n'en conserva pas moins, durant sa vie, le titre de comte d'Auvergne. Il s'intitule, dans un acte de 1167 où intervient son fils : « Willelmus, comes Arverniæ et filius ejus Delphinus[2]. » Ses descendants prendront encore quelquefois ce titre de « comes Arvernie, » mais le plus souvent ils le remplaceront par celui de « comes Claromontis » ou « comes Claromontensis. »

1. Cette conjecture m'a été suggérée par un des hommes les plus compétents sur l'histoire de l'Auvergne, M. Teilhard de Chardin, qui a bien voulu, à la requête de mon collègue de Clermont-Ferrand, mettre à ma disposition, avec une générosité dont je lui sais un gré infini, les trésors de son érudition si sagace et si sûre.

2. Baluze, II, 63.

Le fils de Guillaume VII et de Marchise s'appelait Dauphin, en souvenir de son aïeul maternel Guigue IV Dauphin. Pendant son gouvernement, qui dura plus de soixante ans (1169-1234), il prit constamment dans les actes les titres suivants :

Ego Delphinus, comes Arvernorum (1196, 1201).
Delphinus, comes Claromontensis (1198, 1199, 1223, 1233).
Delphinus, Arvernorum comes (1201).
Ego Delphinus, comes Arvernie (1229).

C'est donc à tort que l'*Art de vérifier les dates* l'appelle Robert-Dauphin. Il ne portait qu'un seul nom, et ce nom était Dauphin[1].

Son fils Guillaume (1234-1240) porte les titres suivants :

Willelmus, comes Alvernie, filius Delphini (1242).
Ego Guillelmus, comes Montisferrandi, filius Delphini (1225).
Guillelmo comite, filio quondam Delphini (1238).
Nos Guillelmus, comes Claromontensis, et Robertus filius ejus (1223).

Robert Ier (1240-1262) porte d'abord le titre un peu long de « Robertus, comes Claromontensis, Guillelmi quondam, filii Delphini, filius » (1240), et plus souvent celui de « Robertus, comes Claromontis » ou « Claromontensis. » Après 1250, il adopte le nom de *Delphinus* au génitif comme nom patronymique, vraisemblablement pour se distinguer de son cousin Robert V, comte d'Auvergne et de Boulogne (1247-1277). Son testament, daté de l'année 1262, débute ainsi :

Ego Robertus Delphini, comes Claromontensis[2].

Cette forme de suscription est d'abord conservée par Robert II, fils et successeur de Robert Ier (1262-1282), mais dans son testament, daté de 1281, il prend pour la première fois le titre de *delphinus Alvernie* : « Nos Robertus comes Claromontensis et Alvernie delphinus[3]. »

Robert III (1282-1324) porte en 1283, dans un traité avec sa sœur Dauphine, abbesse de Mégemont, le nom de « Robertus

---

1. Son contre-sceau ou sceau secret porte pour légende : « Sigillum Delfini. » (Douët d'Arcq, *Inv. des sceaux des archives*, p. 527.)
2. Baluze, II, 268.
3. Ibid., 277.

Delphini, comes Claromontensis, » mais le plus souvent il se fait appeler :

Robertus comes Claromontensis, delphinus Alvernie[1].

C'est cette formule que l'on trouve dans son contrat de mariage avec Isabeau de Châtillon (1289) et dans la suscription de ses deux testaments (1296, 1302).

La légende de son sceau est, d'après Douët d'Arcq[2] : « S. R. Dalphini : comitis : claromontis : militis : » Baluze donne un sceau de Robert III qu'il a emprunté à Justel, lequel porte pour légende :

S. Roberti, comitis Claromontis, dalphini Alvernie.

Jean (1324-1351) était appelé, du vivant de son père, « dalphinetus, » le petit dauphin : « Dalphinetus, filius emancipatus comitis Dalphini[3]. » Après la mort de son père, il prend comme lui le titre de dauphin d'Auvergne :

Johannes, comes Claromontensis delphinusque Alvernie.

Ce titre figure également dans la légende de son sceau.

De ce rapide exposé, il résulte qu'en Auvergne, comme en Dauphiné, « Delphinus » est d'abord un prénom, celui du fils de Guillaume VII et de Marchise ; il devient le nom patronymique de Robert Ier et de Robert II. C'est dans le testament de ce dernier, en 1281, qu'il est pour la première fois traité comme un titre et depuis lors il est considéré comme tel par tous les successeurs de Robert II. Toutefois, les membres de la famille delphinale continueront à le garder comme un nom patronymique et le porteront au génitif.

Si l'on compare ces conclusions à celles que nous avons précédemment formulées au sujet des dauphins de Viennois, on ne peut pas ne pas être frappé de leur exact parallélisme. André-Dauphin était le contemporain de Dauphin, comte de Clermont, son cousin, et, comme lui, il portait le prénom de Dauphin. Ses deux successeurs, Guigue VI et Jean Ier, portent le nom « Delphinus » au génitif, comme Robert Ier et Robert II d'Auvergne, dont ils sont les contemporains. Enfin, c'est en 1281 que la forme « Delphinus

---

1. Baluze, II, 291.
2. *Inv. des sceaux*, n° 404.
3. Baluze, II, 313.

Arvernie » apparaît pour la première fois et c'est précisément à cette époque qu'Humbert Ier transforme définitivement le nom de Dauphin en titre de dignité et qu'apparaît le mot « Dalphinatus. »

Si la démonstration que nous avons faite des transformations du mot « Delphinus » en Dauphiné avait besoin d'être confirmée, ne le serait-elle pas par cette frappante et si naturelle analogie avec les destinées du même mot en Auvergne ?

III.

L'Emblème du Dauphin.

Nous avons à dessein laissé de côté, dans le double exposé qui précède, l'étude des rapports entre le nom ou titre de Dauphin et l'emblème héraldique gravé sur l'écu des comtes de Vienne et d'Auvergne. Il est, en effet, impossible d'admettre avec Chorier que le surnom de Dauphin ait été donné aux comtes d'Albon à cause du dauphin peint sur leurs armes, et il est, au contraire, indiscutablement établi que le nom a précédé l'emblème et lui a donné naissance.

C'est ce que nous démontrerons clairement en fixant l'époque à laquelle le dauphin remplaça dans les sceaux le lion des comtes du Forez, le gonfanon d'Auvergne et les tours de la maison d'Albon.

On sait que les comtes du Forez de la deuxième race se rattachent aux comtes d'Albon par le mariage d'Ide Raimonde, fille d'Artaud V[1], avec Guigue-Raimond, fils de Guigue le Vieux, comte d'Albon et frère de Guigue le Gras. Ide Raimonde succéda à ses neveux Guillaume et Eustache en 1107. De son

---

1. J'adopte ici la numérotation de l'*Art de vérifier les dates* et de La Mure, mais je crois que la liste des comtes du Forez, donnée par ces auteurs, est fautive. Si j'en avais le loisir, je démontrerais qu'Artaud V doit se confondre avec Artaud IV et que Vuidelin, comme semblent l'avoir compris les nouveaux éditeurs de l'histoire des comtes du Forez, doit être confondu avec Guillaume III. Vuidelinus n'est en effet connu que par une seule charte du Cartulaire de Savigny datée de 1078. Comme dans d'autres actes à peu près contemporains, le comte du Forez est appelé Guillaume, il n'est pas malaisé de deviner que Vuidelinus a été créé par une faute du scribe qui a écrit *Vuidelinus* au lieu de *Vuillelmus*. Je me borne à signaler cette rectification, qui pourrait être aisément justifiée, à l'attention des historiens du Forez.

mariage avec Guigue-Raimond elle laissa un fils, nommé Guigue, qui fut la souche de la seconde race des comtes du Forez.

A la famille d'Albon, les nouveaux comtes du Forez empruntèrent d'abord leur nom de Guigue, puis leurs armes : le dauphin. A quelle époque prirent-ils le dauphin? S'il fallait en croire La Mure et l'*Art de vérifier les dates*, ce serait Guigue Ier (1109-1137) qui l'aurait adopté. Comme ils n'en fournissent pas la preuve, nous ne pouvons accepter cette déclaration. Mais on connaît une monnaie et un sceau de Guigue V (1203-1241) qui portent l'effigie du dauphin. Il est donc permis de faire remonter au commencement du xiiie siècle l'introduction du dauphin dans les armes des comtes du Forez.

C'est précisément à cette époque que Dauphin, comte de Clermont, souche des dauphins d'Auvergne, abandonne le gonfanon des comtes d'Auvergne, ses ancêtres, pour prendre des armes parlantes. La collection sigillographique des Archives nationales possède un sceau de ce prince, appendu à un acte de 1199, dont le contre-sceau reproduit l'empreinte d'un dauphin avec cette légende : « Sigillum Delfini[1]. » Ce dauphin est conservé par les successeurs de ce comte.

En Dauphiné, on ne connaît pas de sceaux à l'effigie du dauphin avant l'année 1237. Le sceau d'André-Dauphin (1192-1237), contemporain de Guigue V, comte du Forez, et de Dauphin, comte de Clermont, reproduit au droit un cavalier galopant, dont le bouclier est placé de telle sorte qu'il est impossible de voir l'emblème qui y est figuré, et, au revers, les trois tours qui symbolisent la ville de Vienne. Guigue VI, fils d'André-Dauphin, est, d'après tous les historiens, le premier qui ait adopté le dauphin dans ses armes. Il le prend dès l'année même de son avènement. Aux archives d'Embrun se trouve un sceau de ce prince appendu à un acte du 2 décembre 1237[2], où il est représenté à cheval, l'épée haute, et portant un grand bouclier sur lequel est figuré un dauphin. De la même date est un sceau de la cour comtale d'Embrun, à l'effigie du dauphin, signalé depuis longtemps par M. Joseph Roman dans sa *Sigillographie d'Embrun*[3]. Enfin, on

---

1. Douët d'Arcq, *Inventaire des sceaux des Archives nationales*, t. I, p. 327.
2. Je dois la connaissance de ce sceau à M. Joseph Roman, qui a bien voulu, — et je l'en remercie, — me faire profiter de ses connaissances sigillographiques si étendues et si sûres.
3. P. 109, n° 36.

possède un sceau secret de Guigue VI, de l'année 1259, qui porte l'écu au dauphin vif avec cette légende : « S. Secretum G. Dalphini[1]. »

On serait donc amené à conclure que le dauphin a paru en Auvergne et en Forez bien longtemps avant d'être adopté en Dauphiné. Cette conclusion me semble difficile à admettre. Il est évident, en effet, que les comtes du Forez, qui ne portaient pas le nom de Dauphin et qui descendaient d'un comte d'Albon antérieur de trois générations à Guigue IV Dauphin, n'ont pas inventé ces armes et qu'ils ont dû les emprunter. Il les ont empruntées, cela est bien vraisemblable, à leurs parents et voisins les comtes de Clermont, qui les portaient en 1199. Pourquoi le comte André-Dauphin, qui eut d'assez fréquentes relations avec son cousin Dauphin d'Auvergne, ne lui aurait-il pas fait le même emprunt ? Le sceau de la cour comtale d'Embrun, daté de 1237, l'année même de la mort d'André, ne prouve-t-il pas que ce prince avait, lui aussi, introduit le dauphin dans ses armes ? Pour que l'emblème du dauphin fût donné comme sceau à une juridiction delphinale, fondée par André-Dauphin, il fallait que, pour les populations, cet emblème représentât clairement les armes du seigneur haut-justicier. Avant de donner cet écu à sa cour comtale d'Embrun, André-Dauphin avait dû s'en servir lui-même. On objectera que nous possédons le grand sceau d'André et que le dauphin n'y figure pas. Cela est vrai, mais peut-être cela tient-il à la disposition spéciale du bouclier qui ne nous permet pas de voir l'emblème qui y est gravé. Et puis nous ne possédons pas le sceau secret d'André-Dauphin qui nous révélerait cet emblème comme le sceau secret de Guigue VI reproduit le dauphin gravé sur son bouclier. Or, c'est sur les sceaux secrets des comtes de Clermont, c'est sur les contre-sceaux des comtes du Forez que le dauphin a d'abord pris place. Comme ces princes, ses contemporains, André-Dauphin devait avoir un sceau secret. De ce que nous n'en possédons plus aucun exemplaire, sommes-nous en droit de conclure qu'il n'a pas existé ?

Les chartriers dauphinois, pour des raisons multiples qu'il serait trop long d'expliquer ici, sont très pauvres en monuments sigillographiques. Ces délicates médailles de cire ont disparu de presque tous nos anciens actes, brisées par des mains ignorantes

---

1. Valb., I, p. 374.

ou ravies par des mains trop expertes. C'est un fait regrettable qu'ont pu constater tous ceux qui ont fouillé les divers dépôts d'archives du Dauphiné. Il n'y a donc rien d'étonnant à ce qu'on ne retrouve pas d'exemplaire du sceau secret d'André-Dauphin ; mais c'est une raison de plus pour n'en pas mettre en doute l'existence, alors surtout que tant d'autres arguments semblent la démontrer.

Ma conviction personnelle est que le dauphin figurait sur le sceau secret d'André-Dauphin dès le commencement du xiii° siècle. André l'a-t-il emprunté à son cousin le comte de Clermont ou le lui a-t-il fourni ? Il est bien difficile de se prononcer sur ce point, alors surtout que les sceaux delphinaux d'André ne nous sont pas parvenus. Toutefois, il me paraît plus logique d'admettre que c'est Dauphin d'Auvergne qui l'a inventé[1]. Dépouillé de ses états par son oncle Guillaume VIII et chef d'une dynastie nouvelle, il ne pouvait plus porter le gonfanon d'Auvergne. Il le remplaça par le dauphin, qui lui faisait des armes parlantes. André-Dauphin n'était pas dans le même cas ; aussi garda-t-il les armes de ses ancêtres maternels, mais, comme il portait, lui aussi, le nom de Dauphin, il adopta à son tour le « noble et fier poisson, » ainsi que l'appellent les légendes de nos vieux jetons, et le plaça sur son sceau secret comme une sorte de signature emblématique. C'est l'écu de ce sceau secret que nous retrouvons en 1237 sur le sceau de la cour comtale d'Embrun.

Et ainsi je me crois en droit de conclure que l'emblème du dauphin a paru presque simultanément vers la fin du xii° siècle et le commencement du xiii° en Auvergne, en Forez et en Dauphiné, et qu'il est très probable que c'est en Auvergne qu'il fit sa première apparition.

---

1. Cette conclusion est également celle de M. J. Roman dans l'article sur l'*Ancienneté des monnaies des dauphins de Viennois*, que j'ai cité précédemment. Dans cet article, M. Roman fixe à tort à l'année 1236 la mort d'André-Dauphin qu'il appelle Guigue-André. Ce prince a constamment suivi dans la chronologie de ses actes les règles du style florentin. Or, son testament est daté du 4 mars 1236 (1237 nouveau style). M. Roman se trompe encore en mettant en doute l'alliance qui unissait les dauphins d'Auvergne à ceux du Viennois. Ce fait historique a été péremptoirement établi par tous les historiens de l'Auvergne et, en particulier, par Baluze.

Conclusion.

Résumant maintenant mes conclusions partielles, je dirai : en Auvergne comme en Dauphiné, *Delphinus* est d'abord un prénom, puis un nom patronymique, puis un titre de dignité. Il prend définitivement ce dernier sens, dans les deux pays, à la fin du xiii° siècle, vers l'année 1282, qui correspond à l'avènement de Robert III en Auvergne et d'Humbert I⁰ʳ en Dauphiné. A la même époque apparaît pour la première fois le mot *Delphinatus*.

Quant à l'emblème du dauphin, il n'apparaît dans les sceaux qu'environ un siècle après l'époque où Guigue IV est mentionné pour la première fois avec le nom de Dauphin. C'est Dauphin, comte de Clermont, qui l'adopta le premier à la fin du xii° siècle. Guigue V, comte du Forez, et André-Dauphin, comte de Vienne et d'Albon, le lui empruntent au commencement du xiii° siècle.

www.ingramcontent.com/pod-product-compliance
Lightning Source LLC
Chambersburg PA
CBHW060555050426
42451CB00011B/1921